x6 table

Write the answers to the **x6** table here.

1 x 6 = ☐		7 x 6 = ☐
2 x 6 = ☐		8 x 6 = ☐
3 x 6 = ☐		9 x 6 = ☐
4 x 6 = ☐		10 x 6 = ☐
5 x 6 = ☐		11 x 6 = ☐
6 x 6 = ☐		12 x 6 = ☐

Look at this number grid. Mark all the numbers in the **x6** table with a red **O**.

1	2	3	4	5	6	7	8	9	10
11	12	13	14	15	16	17	18	19	20
21	22	23	24	25	26	27	28	29	30
31	32	33	34	35	36	37	38	39	40
41	42	43	44	45	46	47	48	49	50
51	52	53	54	55	56	57	58	59	60
61	62	63	64	65	66	67	68	69	70
71	72	73	74	75	76	77	78	79	80
81	82	83	84	85	86	87	88	89	90
91	92	93	94	95	96	97	98	99	100

These are the numbers in the **x6** table. They are the **multiples of 6**.

Keep on counting in **6s** up to 100.

Now mark all the **multiples of 3** on the number grid. Use a blue **X**. Which are the **shared multiples** of **6** and **3**?

_____

Now mark all the **multiples of 2** on the number grid. Use a green **+**. Which are the **shared multiples** of **6, 3** and **2**?

_____

Write the **x6** table here.

☐ x ☐ = ☐
☐ x ☐ = ☐
☐ x ☐ = ☐
☐ x ☐ = ☐
☐ x ☐ = ☐
☐ x ☐ = ☐
☐ x ☐ = ☐
☐ x ☐ = ☐
☐ x ☐ = ☐
☐ x ☐ = ☐
☐ x ☐ = ☐
☐ x ☐ = ☐

Now write it backwards, starting with **12 x 6 =**

☐ x ☐ = ☐
☐ x ☐ = ☐
☐ x ☐ = ☐
☐ x ☐ = ☐
☐ x ☐ = ☐
☐ x ☐ = ☐
☐ x ☐ = ☐
☐ x ☐ = ☐
☐ x ☐ = ☐
☐ x ☐ = ☐
☐ x ☐ = ☐
☐ x ☐ = ☐

Fill in the missing numbers in the **x6** table.

1 x ☐ = 6
☐ x 6 = ☐
3 x ☐ = ☐
☐ x 6 = 24
☐ x ☐ = ☐
6 x 6 = ☐
7 x 6 = ☐
☐ x 6 = ☐
9 x 6 = ☐
☐ x 6 = ☐
11 x ☐ = 66
☐ x ☐ = 72

Times Tables

x6
x7
x8
x9
x11
x12

Key Stage 2 (England & Wales)
Mathematics 5-14 Level C (Scotland)

Book 2

Name: _____

Schofield & Sims

Times Tables Book 2

© 1998 Schofield & Sims Ltd.
0 7217 2496 5

First printed 1998
Reprinted 1998, 1999 (twice)

All rights reserved. No reproduction, copy or transmission of this publication may be made without written permission.

No paragraph of this publication may be reproduced, copied or transmitted, save with written copyright permission or in accordance with the Copyright Act 1956 (as amended).

Any person who does any unauthorised act in relation to this publication may be liable to criminal prosecution and civil claims for damages.

WARNING: This publication is **not** part of the copyright licensing scheme run by the Copyright Licensing Agency and may not be photocopied or mechanically copied in any other way, without written permission from the publisher.

How to use this book

You will need:
- pen or pencil
- coloured pencils or felt tips
- spare paper
- stopwatch or a watch with a second hand to time yourself

To do the exercises:

1. Practise each times table by filling in the answers.
2. Mark the number grid with the answers to that times table.
3. Write and say the times table again.
4. Fill in the missing numbers in the times table.
5. Enjoy doing the times tables puzzles. These will help you to practise the times table.
6. Try the timed tests. Keep a record of the date and how quickly you did each one. **Do one test a day.**

Schofield & Sims Limited
Huddersfield, England
Tel: 01484 607080 Fax: 01484 606815
E-mail: schofield_and_sims@compuserve.com

Help with Times Tables

The times tables are printed at the back of the book to give some extra practice.
Here are some things to remember to help you learn and use your times tables.

1 **Two lots of three** means the same as **three lots of two**.

This means that **2 x 3** is the same as saying **3 x 2**.

2 There are lots of ways of writing and saying times tables.

Here are some ways of saying 3 x 2 = 6.
   3 lots of 2 are 6;   2 + 2 + 2 = 6;
   3 times 2 equals 6;   3 multiplied by 2 is 6.

3 **0 x** a number is always **0**.
For example, 0 x 2 = 0 because there are no lots of two.
              2 x 0 = 0 because there are two lots of nothing.

4 **1 x** a number always leaves that number unchanged.
For example, 1 x 2 = 2 because there is one lot of 2.
              1 x 100 = 100 because there is one lot of 100.

5 **10 x** a number means you move all the digits in the number one place to the left.
Fill the units column with a 0.

```
H T U        H T U        H T U        H T U
5 x 10 =     5 0          2 3 x 10 =   2 3 0
      ↑                           ↑
```

6 **Double** means **x2**. **Twice** means **x2**.

7 A **multiple** is the answer you get when one number is multiplied by another:
1 x 3 = 3; 2 x 3 = 6; 3 x 3 = 9; 4 x 3 = 12; 5 x 3 = 15.
The first five multiples of 3 are 3, 6, 9, 12, 15.

8 A times table can share some of its multiples with another times table.

9 To help you learn your **x4** table, double your **x2** table.
2 x 2 = 4,   2 x 4 = 8   3 x 2 = 6,   3 x 4 = 12

10 How do you answer ☐ x 3 = 6?

This question is asking how many lots of 3 there are in 6.
To get the answer, divide 6 by 3. The answer is 2.

11 How do you answer 4 x ☐ = 12?

This question is asking 4 lots of which number are in 12.
To get the answer, divide 12 by 4. The answer is 3.

Illustrations by Andrew Warrington
Design and typesettting by
Armitage Typo/Graphics Ltd., Huddersfield
Printed by Hawthornes Printers, Nottingham

Time to Travel

You will need: a dice, counters and a friend to play with.

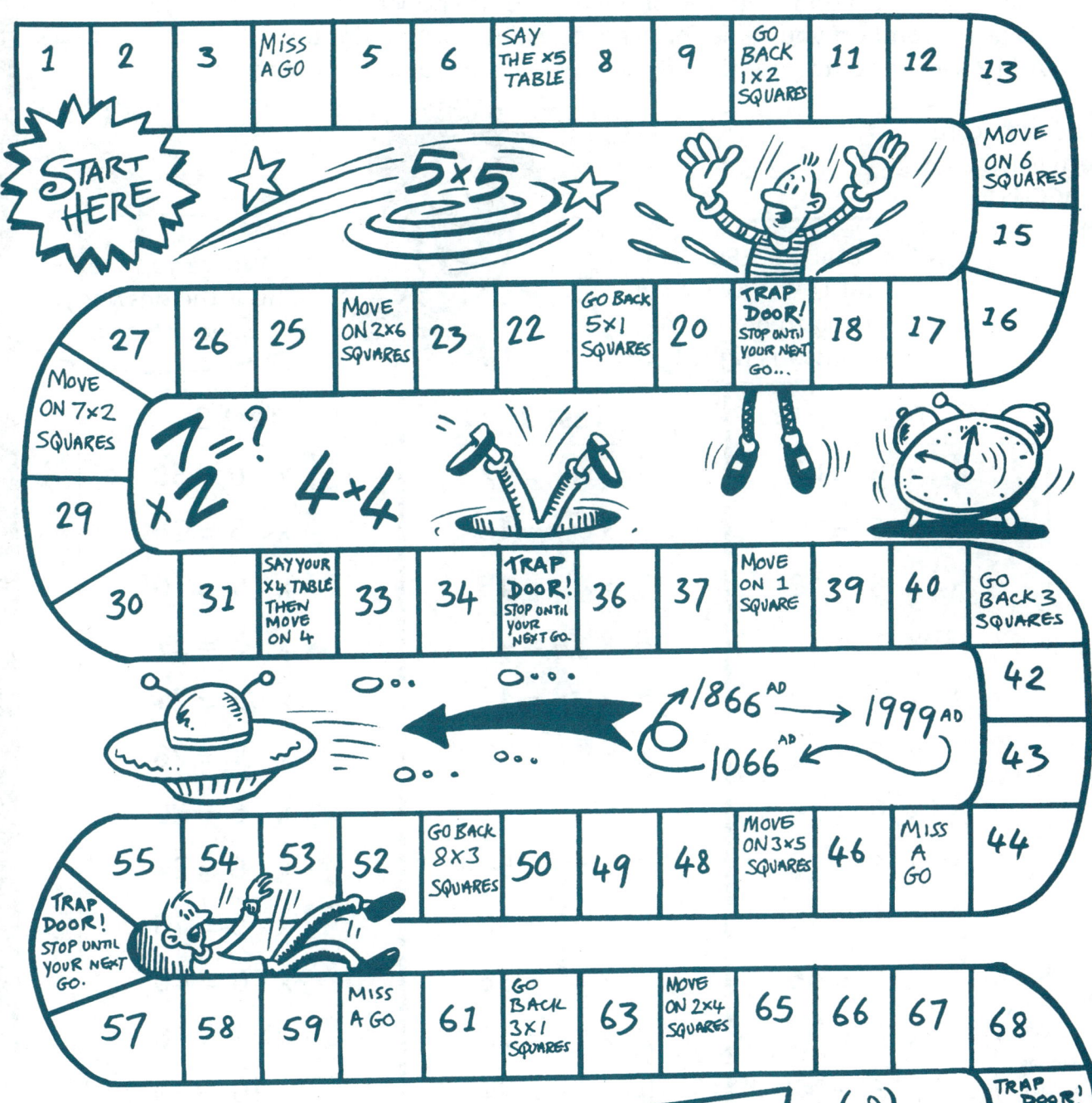

Board squares (in order):

1 | 2 | 3 | Miss A Go | 5 | 6 | SAY THE x5 TABLE | 8 | 9 | GO BACK 1x2 SQUARES | 11 | 12 | 13 | MOVE ON 6 SQUARES | 15 | 16 | 17 | 18 | TRAP DOOR! STOP UNTIL YOUR NEXT GO... | 20 | GO BACK 5x1 SQUARES | 22 | 23 | MOVE ON 2x6 SQUARES | 25 | 26 | 27 | MOVE ON 7x2 SQUARES | 29 | 30 | 31 | SAY YOUR x4 TABLE THEN MOVE ON 4 | 33 | 34 | TRAP DOOR! STOP UNTIL YOUR NEXT GO. | 36 | 37 | MOVE ON 1 SQUARE | 39 | 40 | GO BACK 3 SQUARES | 42 | 43 | 44 | MISS A GO | 46 | MOVE ON 3x5 SQUARES | 48 | 49 | 50 | GO BACK 8x3 SQUARES | 52 | 53 | 54 | 55 | TRAP DOOR! STOP UNTIL YOUR NEXT GO. | 57 | 58 | 59 | MISS A GO | 61 | GO BACK 3x1 SQUARES | 63 | MOVE ON 2x4 SQUARES | 65 | 66 | 67 | 68 | TRAP DOOR! STOP UNTIL YOUR NEXT GO... | 70 | 71 | MISS A GO...

Final sums:
$3 \times 5 =$
$5 \times 6 =$
$4 \times 6 =$

Each player has two throws before it is the next player's turn.

Throw 1: Move on the number of squares shown on the die, e.g. 5 spaces.

Throw 2: Multiply the first throw by this throw, e.g. 5 x 4, and move on that number of squares, e.g. 5 x 4 = 20 spaces.

If you land on a square with an instruction on either throw, you must obey that instruction.

To win you must answer the three sums at the end.

Record Breakers

How quickly can you do these tests?
Use a stopwatch and write the answers on spare paper.
Take 1 second off your time for every question you get **right**.
Add 3 seconds onto your time for every question you get **wrong**.

You will score better by being ACCURATE rather than FAST.

BUILD SPEED UP GRADUALLY while still trying to get all the answers right!!

Where you see ? this is the answer you need to give.

Keep a record of your times for each test here.

Do one test a day.

Test 1	Test 2	Test 3
? x 6 = 42	2 x ? = 12	? x 6 = 30
5 x 6 = ?	3 x ? = 18	? x 5 = 25
? x 6 = 12	3 x ? = 15	? x 4 = 20
3 x ? = 18	8 x ? = 40	? x 3 = 27
8 x ? = 48	8 x ? = 16	? x 3 = 24
1 x 6 = ?	8 x ? = 48	? x 4 = 28
? x 6 = 36	7 x ? = 35	? x 5 = 20
9 x 6 = ?	9 x ? = 54	? x 6 = 24
? x 6 = 24	5 x ? = 10	? x 6 = 18
? x 6 = 66	9 x ? = 36	? x 10 = 40
12 x 6 = ?	12 x ? = 72	? x 2 = 18
10 x 6 = ?	4 x ? = 24	? x 10 = 70

Date	Time	Date	Time	Date	Time

x7 table

Write the answers to the **x7** table here.

1 x 7 = ☐
2 x 7 = ☐
3 x 7 = ☐
4 x 7 = ☐
5 x 7 = ☐
6 x 7 = ☐
7 x 7 = ☐
8 x 7 = ☐
9 x 7 = ☐
10 x 7 = ☐
11 x 7 = ☐
12 x 7 = ☐

Mark all the answers to the **x7** table on this number square. Use an orange **O**.

1	2	3	4	5	6	7	8	9	10
11	12	13	14	15	16	17	18	19	20
21	22	23	24	25	26	27	28	29	30
31	32	33	34	35	36	37	38	39	40
41	42	43	44	45	46	47	48	49	50
51	52	53	54	55	56	57	58	59	60
61	62	63	64	65	66	67	68	69	70
71	72	73	74	75	76	77	78	79	80
81	82	83	84	85	86	87	88	89	90
91	92	93	94	95	96	97	98	99	100

These are the numbers in the **x7** table. They are the **multiples of 7**.

Count on in **7s** up to 100.

Write the **x7** table here.

	x		=	
	x		=	
	x		=	
	x		=	
	x		=	
	x		=	
	x		=	
	x		=	
	x		=	
	x		=	
	x		=	
	x		=	

Now write it backwards, starting with **12 x 7 =**

	x		=	
	x		=	
	x		=	
	x		=	
	x		=	
	x		=	
	x		=	
	x		=	
	x		=	
	x		=	
	x		=	
	x		=	

Fill in the missing numbers in the **x7** table.

1 x ☐ = 7
☐ x 7 = 14
3 x ☐ = ☐
☐ x 7 = 28
5 x ☐ = 35
☐ x 7 = 42
7 x 7 = ☐
8 x 7 = ☐
☐ x 7 = 63
10 x 7 = ☐
☐ x ☐ = 77
12 x ☐ = ☐

Prehistoric puzzles

Write the missing numbers in these multiplication squares.

X	2	4	6	8	10
7					
6			24		
5					40

X	3	5	7	9	11
7					
6					66
5	15				

X	6	8	10	9	7
2		16			
4					14
6			60		

X	1	3	9	7	6
1				7	
3		9			
5					

X	2	3	4	5	6
2					
3		6			
4				20	
5					
6					

X	2	3	4	5	6	7
1	2					
8						
9						63
10						
7						
5						

Now travel on to the times tables Record Breakers.

Record Breakers

How quickly can you do these tests?
Use a stopwatch and write the answers on spare paper.
Take 1 second off your time for every question you get **right**.
Add 3 seconds onto your time for every question you get **wrong**.

You will score better by being ACCURATE rather than FAST.

BUILD SPEED UP GRADUALLY while still trying to get all the answers right!!

Where you see ? this is the answer you need to give.

Test 1	Test 2	Test 3
10 x ? = 70	2 x ? = 14	? x 7 = 0
5 x ? = 35	4 x ? = 24	? x 5 = 30
? x 7 = 14	6 x ? = 42	? x 6 = 36
3 x ? = 21	8 x ? = 32	? x 4 = 36
8 x ? = 56	10 x ? = 60	? x 3 = 30
7 x 7 = ?	12 x ? = 72	? x 1 = 9
? x 7 = 42	1 x ? = 7	? x 2 = 4
1 x 7 = ?	3 x ? = 12	? x 10 = 40
? x 7 = 28	5 x ? = 10	? x 5 = 35
9 x ? = 63	7 x ? = 49	? x 6 = 66
? x 7 = 77	9 x ? = 54	? x 7 = 42
12 x 7 = ?	11 x ? = 66	? x 6 = 42

Keep a record of your times for each test here.

Do one test a day.

Date	Time	Date	Time	Date	Time

x8 table

Write the answers to the **x8** table here.

1 x 8 = ☐   7 x 8 = ☐
2 x 8 = ☐   8 x 8 = ☐
3 x 8 = ☐   9 x 8 = ☐
4 x 8 = ☐   10 x 8 = ☐
5 x 8 = ☐   11 x 8 = ☐
6 x 8 = ☐   12 x 8 = ☐

Look at this number grid. Mark all the answers to the **x8** table with a green **O**.

1	2	3	4	5	6	7	8	9	10
11	12	13	14	15	16	17	18	19	20
21	22	23	24	25	26	27	28	29	30
31	32	33	34	35	36	37	38	39	40
41	42	43	44	45	46	47	48	49	50
51	52	53	54	55	56	57	58	59	60
61	62	63	64	65	66	67	68	69	70
71	72	73	74	75	76	77	78	79	80
81	82	83	84	85	86	87	88	89	90
91	92	93	94	95	96	97	98	99	100

These are the numbers in the **x8** table. They are the **multiples of 8**.

Count on in **8s** up to 100.

Now mark all the **multiples of 4** on the number grid with an orange **X**. Which are the **shared multiples** of **8** and **4**?

Now mark all the **multiples of 2** on the number grid. Use a blue **+**. Which are the **shared multiples** of **8, 4** and **2**?

Write the **x8** table here.

☐ x ☐ = ☐
☐ x ☐ = ☐
☐ x ☐ = ☐
☐ x ☐ = ☐
☐ x ☐ = ☐
☐ x ☐ = ☐
☐ x ☐ = ☐
☐ x ☐ = ☐
☐ x ☐ = ☐
☐ x ☐ = ☐
☐ x ☐ = ☐
☐ x ☐ = ☐

Now write it backwards, starting with **12 x 8 =**

☐ x ☐ = ☐
☐ x ☐ = ☐
☐ x ☐ = ☐
☐ x ☐ = ☐
☐ x ☐ = ☐
☐ x ☐ = ☐
☐ x ☐ = ☐
☐ x ☐ = ☐
☐ x ☐ = ☐
☐ x ☐ = ☐
☐ x ☐ = ☐
☐ x ☐ = ☐

Fill in the missing numbers in the **x8** table.

1 x ☐ = 8
☐ x 8 = ☐
3 x ☐ = ☐
☐ x ☐ = 32
5 x ☐ = 40
6 x 8 = ☐
7 x ☐ = 56
☐ x 8 = ☐
9 x 8 = ☐
10 x ☐ = ☐
☐ x 8 = ☐
☐ x 8 = ☐

Creepy Cave Puzzle

How many legs are there altogether in these groups of spiders?

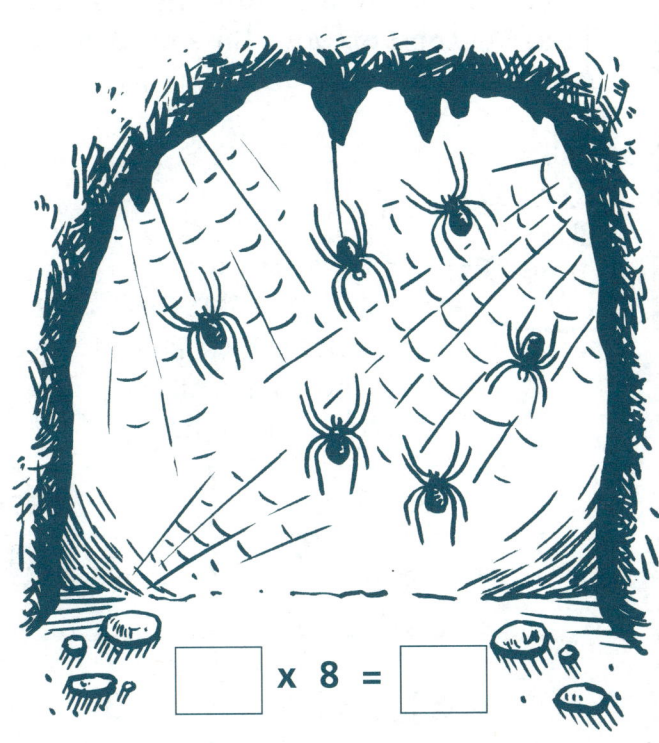

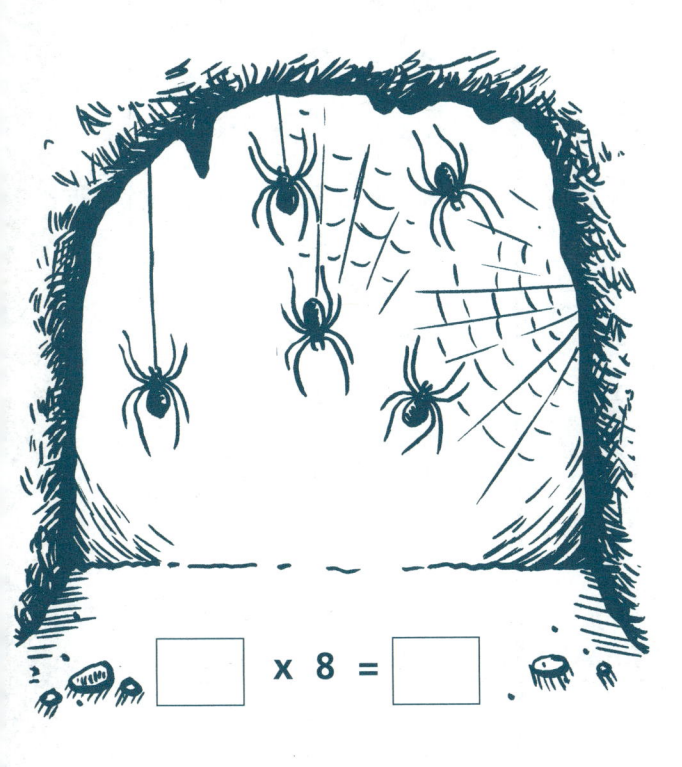

☐ x 8 = ☐

☐ x 8 = ☐

☐ x 8 = ☐

☐ x 8 = ☐

How many legs are there altogether on 11 spiders? ☐

How many legs are there altogether on 22 spiders? ☐

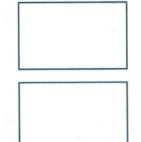

Record Breakers

How quickly can you do these tests?
Use a stopwatch and write the answers on spare paper.
Take 1 second off your time for every question you get **right**.
Add 3 seconds onto your time for every question you get **wrong**.

You will score better by being ACCURATE rather than FAST.

BUILD SPEED UP GRADUALLY while still trying to get all the answers right!!

Where you see ? this is the answer you need to give.

Test 1	Test 2	Test 3
1 x ? = 8	2 x ? = 8	? x 8 = 64
5 x ? = 40	3 x ? = 24	? x 7 = 49
4 x ? = 32	3 x ? = 12	? x 4 = 16
? x 8 = 24	8 x 6 = ?	? x 6 = 36
2 x 8 = ?	8 x ? = 32	? x 8 = 32
8 x 8 = ?	4 x ? = 32	? x 5 = 25
9 x 8 = ?	7 x ? = 28	? x 3 = 9
7 x 8 = ?	7 x ? = 56	? x 7 = 70
? x 8 = 96	5 x ? = 40	? x 2 = 4
10 x 8 = ?	9 x ? = 72	? x 12 = 72
? x 8 = 56	12 x ? = 96	? x 5 = 35
11 x 8 = ?	9 x ? = 54	? x 8 = 72

Keep a record of your times for each test here.

Do one test a day.

Date	Time	Date	Time	Date	Time

Times Tables

x6
x7
x8
x9
x11
x12

Key Stage 2 (England & Wales)
Mathematics 5-14 Level C (Scotland)

Book 2

ANSWERS

p3. The answers to the x6 table are: 6, 12, 18, 24, 30, 36, 42, 48, 54, 60, 66, 72.
You should mark these numbers with a O: 6, 12, 18, 24, 30, 36, 42, 48, 54, 60, 66, 72, 78, 84, 90, 96.
The shared multiples of 6 and 3 are all the multiples of 6:
6, 12, 18, 24, 30, 36, 42, 48, 54, 60, 66, 72, 78, 84, 90, 96.
The shared multiples of the x6, x3 and x2 tables are: 6, 12, 18, 24, 30, 36, 42, 48, 54, 60, 66, 72, 78, 84, 90, 96.

p4. The x6 table is 1 x 6 = 6; 2 x 6 = 12; 3 x 6 = 18; 4 x 6 = 24; 5 x 6 = 30; 6 x 6 = 36;
7 x 6 = 42; 8 x 6 = 48; 9 x 6 = 54; 10 x 6 = 60; 11 x 6 = 66; 12 x 6 = 72.
The x6 table should be filled in with the numbers that are in **bold** type;
1 x 6 = 6; **2 x 6 = 12**; 3 x 6 = 18; 4 x 6 = 24; **5 x 6 = 30**; 6 x 6 = 36; 7 x 6 = 42;
8 x 6 = 48; 9 x 6 = 54; **10 x 6 = 60**; 11 x 6 = 66; **12 x 6 = 72**.

p6. The answers you need to give are:
Remember:
❓ x 6 = 42 means what number is multiplied by 6 to give 42?
To get the answer divide 42 by 6.
42 ÷ 6 = 7

8 x ❓ = 48 means how many lots of 8 are there in 48?
To get the answer divide 48 by 8.
48 ÷ 8 = 6

Test 1	Test 2	Test 3
7	6	5
30	6	5
2	5	5
6	5	9
6	2	8
6	6	7
6	5	4
54	6	4
4	2	3
11	4	4
72	6	9
60	6	7

p7. The answers to the x7 table are: 7, 14, 21, 28, 35, 42, 49, 56, 63, 70, 77, 84.
You should mark the following numbers on the number grid: 7, 14, 21, 28, 35, 42, 49, 56, 63, 70, 77, 84, 91, 98.

p8. The x7 table is: 1 x 7 = 7; 2 x 7 = 14; 3 x 7 = 21; 4 x 7 = 28; 5 x 7 = 35; 6 x 7 = 42;
7 x 7 = 49; 8 x 7 = 56; 9 x 7 = 63; 10 x 7 = 70; 11 x 7 = 77; 12 x 7 = 84.
The x7 table should be filled in with the numbers that are in **bold** type;
1 x 7 = 7; **2 x 7 = 14**; 3 x 7 = **21**; 4 x 7 = 28; 5 x 7 = 35; **6 x 7 = 42**;
7 x 7 = **49**; 8 x 7 = 56; 9 x 7 = 63; 10 x 7 = **70**; **11** x 7 = 77; 12 x 7 = 84

p9.

X	2	4	6	8	10
7	14	28	42	56	70
6	12	24	36	48	60
5	10	20	30	40	50

X	3	5	7	9	11
7	21	35	49	63	77
6	18	30	42	54	66
5	15	25	35	45	55

X	6	8	10	9	7
2	12	16	20	18	14
4	24	32	40	36	28
6	36	48	60	54	42

X	1	3	9	7	6
1	1	3	9	7	6
3	3	9	27	21	18
5	5	15	45	35	30

X	2	3	4	5	6
2	4	6	8	10	12
3	6	9	12	15	18
4	8	12	16	20	24
5	10	15	20	25	30
6	12	18	24	30	36

X	2	3	4	5	6	7
1	2	3	4	5	6	7
8	16	24	32	40	48	56
9	18	27	36	45	54	63
10	20	30	40	50	60	70
7	14	21	28	35	42	49
5	10	15	20	25	30	35

p10. The answers you need to give are:
Remember:
❓ x 3 = 21 means what number is multiplied by 3 to give 21?
To get the answer divide 21 by 3.
21 ÷ 3 = 7

12 x ❓ = 72 means how many lots of 12 are there in 72?
To get the answer divide 72 by 12.
72 ÷ 12 = 6

Test 1	Test 2	Test 3
7	7	0
7	6	6
2	7	6
7	4	9
7	6	10
49	6	9
6	7	2
7	4	4
4	2	7
7	7	11
11	6	6
84	6	7

p11. The answers to the x8 table are: 8, 16, 24, 32, 40, 48, 56, 64, 72, 80, 88, 96.
You should mark the following squares on the number grid: 8, 16, 24, 32, 40, 48, 56, 64, 72, 80, 88, 96.
The shared multiples of 8 and 4 are: 8, 16, 24, 32, 40, 48, 56, 64, 72, 80, 88, 96.
The shared multiples of 8, 4 and 2 are: 8, 16, 24, 32, 40, 48, 56, 64, 72, 80, 88, 96.

p12. The x8 table is 1 x 8 = 8; 2 x 8 = 16; 3 x 8 = 24; 4 x 8 = 32; 5 x 8 = 40; 6 x 8 = 48;
7 x 8 = 56; 8 x 8 = 64; 9 x 8 = 72; 10 x 8 = 80; 11 x 8 = 88; 12 x 8 = 96.
The x8 table should be filled in with the numbers that are in **bold** type:
1 x 8 = 8; **2** x 8 = **16**; 3 x **8** = **24**; 4 x 8 = 32; 5 x 8 = **40**; 6 x 8 = **48**; 7 x **8** = 56;
8 x 8 = **64**; 9 x 8 = **72**; 10 x 8 = **80**; **11** x 8 = **88**; **12** x 8 = **96**.

p13. 4 x 8 = 32; 6 x 8 = 48; 5 x 8 = 40; 9 x 8 = 72;
11 spiders have 88 legs; 22 spiders have 176 legs;

p14. The answers you need to give are:
Remember:
? x 8 = 24 means what number is multiplied by 8 to give 24?
To get the answer divide 24 by 8.
24 ÷ 8 = 3

7 x ? = 56 means how many lots of 7 are there in 56?
To get the answer divide 56 by 7.
56 ÷ 7 = 8

Test 1	Test 2	Test 3
8	4	8
8	8	7
8	4	4
3	48	6
16	4	4
64	8	5
72	4	3
56	8	10
12	8	2
80	8	6
7	8	7
88	6	9

p15. The answers to the x9 table are: 9, 18, 27, 36, 45, 54, 63, 72, 81, 90, 99, 108.
You should mark the following squares on the number grid:
9, 18, 27, 36, 45, 54, 63, 72, 81, 90, 99, 108.

More 9s Magic!
When you add the digits of each product of 9 they always add up to 9:
1 + 8 = 9; 2 + 7 = 9; 1 + 0 + 8 = 9.
When you are multiplying by 9, check your answer by adding the digits together. If they add up to 9, then your answer is right.

p16. The x9 table is: 1 x 9 = 9; 2 x 9 = 18; 3 x 9 = 27; 4 x 9 = 36; 5 x 9 = 45; 6 x 9 = 54; 7 x 9 = 63;
8 x 9 = 72; 9 x 9 = 81; 10 x 9 = 90; 11 x 9 = 99; 12 x 9 = 108.
The x9 table should be filled in with the numbers that are in **bold** type:
1 x 9 = 9; **2** x 9 = **18**; 3 x 9 = **27**; 4 x 9 = 36; 5 x 9 = **45**; 6 x 9 = **54**; 7 x 9 = 63;
8 x 9 = **72**; 9 x 9 = 81; **10** x 9 = **90**; 11 x 9 = **99**; **12** x 9 = 108.

p17.

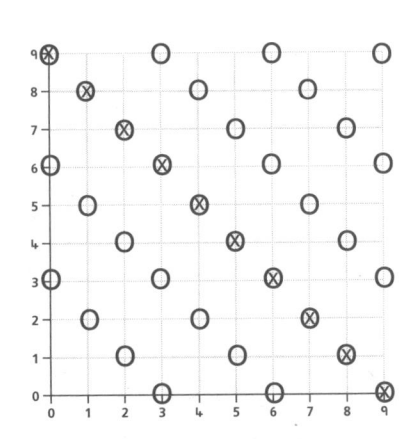

x3 table answers:
(0, 3) (0, 6) (0, 9) (1, 2) (1, 5) (1, 8) (2, 1)
(2, 4) (2, 7) (3, 0) (3, 3) (3, 6) (3, 9) (4, 2)
(4, 5) (4, 8) (5, 1) (5, 4) (5, 7) (6, 0) (6, 3)
(6, 6) (6, 9) (7, 2) (7, 5) (7, 8) (8, 1) (8, 4)
(8, 7) (9, 0) (9, 3) (9, 6) (9, 9)
The points in both sets of coordinates are:
(0, 9) (1, 8) (2, 7) (3, 6) (4, 5) (5, 4) (6, 3)
(7, 2) (8, 1) (9, 0) (9, 9)

p18. The answers you need to give are:
Remember:
? x 9 = 72 means what number is multiplied by 9 to give 72?
To get the answer divide 72 by 9.
72 ÷ 9 = 8

11 x ? = 66 means how many lots of 11 are there in 66?
To get the answer divide 66 by 11.
66 ÷ 11 = 6

Test 1	Test 2	Test 3
9	8	3
9	6	9
4	8	6
8	8	6
27	8	4
9	7	6
11	8	5
9	9	7
72	6	6
108	3	8
9	9	12
0	9	3

p19. The answers to the x11 table are: 11, 22, 33, 44, 55, 66, 77, 88, 99, 110, 121, 132.
You should mark these squares on the number grid: 11, 22, 33, 44, 55, 66, 77, 88, 99, 110, 121, 132.

p20. The x11 table should be filled in with the numbers that are in **bold** type:
1 x **11** = **11**; 2 x **11** = **22**; 3 x **11** = **33**; 4 x **11** = **44**; 5 x **11** = **55**; 6 x **11** = **66**; 7 x **11** = **77**;
8 x **11** = **88**; 9 x **11** = **99**; 10 x **11** = 110; 11 x 11 = **121**; 12 x **11** = 132.
Quick fire answers:
Test 1: 11, 55, 66, 33, 44, 121; **Test 2:** 36, 49, 64, 81, 144, 0.

p21. Count on in 11s to draw a time-travel machine.
Count back in 11s to draw a time-travel machine.

p22. The answers to the x12 table are: 12, 24, 36, 48, 60, 72, 84, 96, 108, 120, 132, 144.
You should mark these squares on the number grid: 12, 24, 36, 48, 60, 72, 84, 96, 108, 120, 132, 144.
The shared multiples of 12 and 6 are all the multiples of 12.
The shared multiples of 12 and 3 are all the multiples of 12.
The shared multiples of 12 and 2 are all the multiples of 12.
The shared multiples of 12 and 4 are all the multiples of 12.
The shared multiples of 12 and 8 are 24, 48, 72, 96, 120, 144.

p23. The code says:
WELL DONE! YOU ARE A TABLES CHAMP!
Give yourself a pat on the back.

p24-25.

Test 1	Test 2	Test 3	Test 4
32	12	72	5
96	8	56	9
48	84	40	4
0	35	20	10
36	24	96	7
16	96	72	8
36	72	64	12
80	28	48	3
120	70	28	2
48	108	12	1
40	88	27	11
24	0	16	10

Test 5	Test 6	Test 7	Test 8
6	8	9	7
11	2	12	5
9	5	6	10
5	7	10	2
9	12	4	9
7	6	2	9
7	11	12	8
9	12	9	11
11	5	3	1
10	10	4	0
9	11	3	12
9	3	12	1

Test 9	Test 10	Test 11	Test 12
3	3	4	7
12	5	3	2
11	4	2	6
12	9	6	2
12	5	9	2
10	2	6	2
11	4	3	4
8	2	4	6
9	8	6	8
9	9	11	3
11	12	8	4
9	9	7	8

x9 table

Write the answers to the **x9** table here.

1 x 9 = ☐
2 x 9 = ☐
3 x 9 = ☐
4 x 9 = ☐
5 x 9 = ☐
6 x 9 = ☐
7 x 9 = ☐
8 x 9 = ☐
9 x 9 = ☐
10 x 9 = ☐
11 x 9 = ☐
12 x 9 = ☐

Look at the tens and the units in the answers to the **x9** table. The units go down by one and the tens go up by one.

Mark all the answers to the **x9** table on this number grid. Use a purple **O**.

1	2	3	4	5	6	7	8	9	10
11	12	13	14	15	16	17	18	19	20
21	22	23	24	25	26	27	28	29	30
31	32	33	34	35	36	37	38	39	40
41	42	43	44	45	46	47	48	49	50
51	52	53	54	55	56	57	58	59	60
61	62	63	64	65	66	67	68	69	70
71	72	73	74	75	76	77	78	79	80
81	82	83	84	85	86	87	88	89	90
91	92	93	94	95	96	97	98	99	100
101	102	103	104	105	106	107	108	109	110

Write the x9 table here.

☐ x ☐ = ☐
☐ x ☐ = ☐
☐ x ☐ = ☐
☐ x ☐ = ☐
☐ x ☐ = ☐
☐ x ☐ = ☐
☐ x ☐ = ☐
☐ x ☐ = ☐
☐ x ☐ = ☐
☐ x ☐ = ☐
☐ x ☐ = ☐
☐ x ☐ = ☐

Fill in the missing numbers in the x9 table.

☐ x 9 = 9
2 x 9 = ☐
☐ x 9 = ☐
☐ x ☐ = 36
5 x 9 = ☐
6 x 9 = ☐
7 x ☐ = 63
☐ x 9 = ☐
9 x ☐ = 81
☐ x ☐ = 90
11 x 9 = ☐
☐ x ☐ = 108

Plotting Puzzles

Use the answers to the **x9** table as coordinates to complete this graph. The first two have been done for you.

(0, 9)   (1, 8)   (2, 7)   (3, 6)   (4, 5)   (5, 4)

(6, 3)   (7, 2)   (8, 1)   (9, 0)   (9, 9)

Join the points to see what pattern you get?

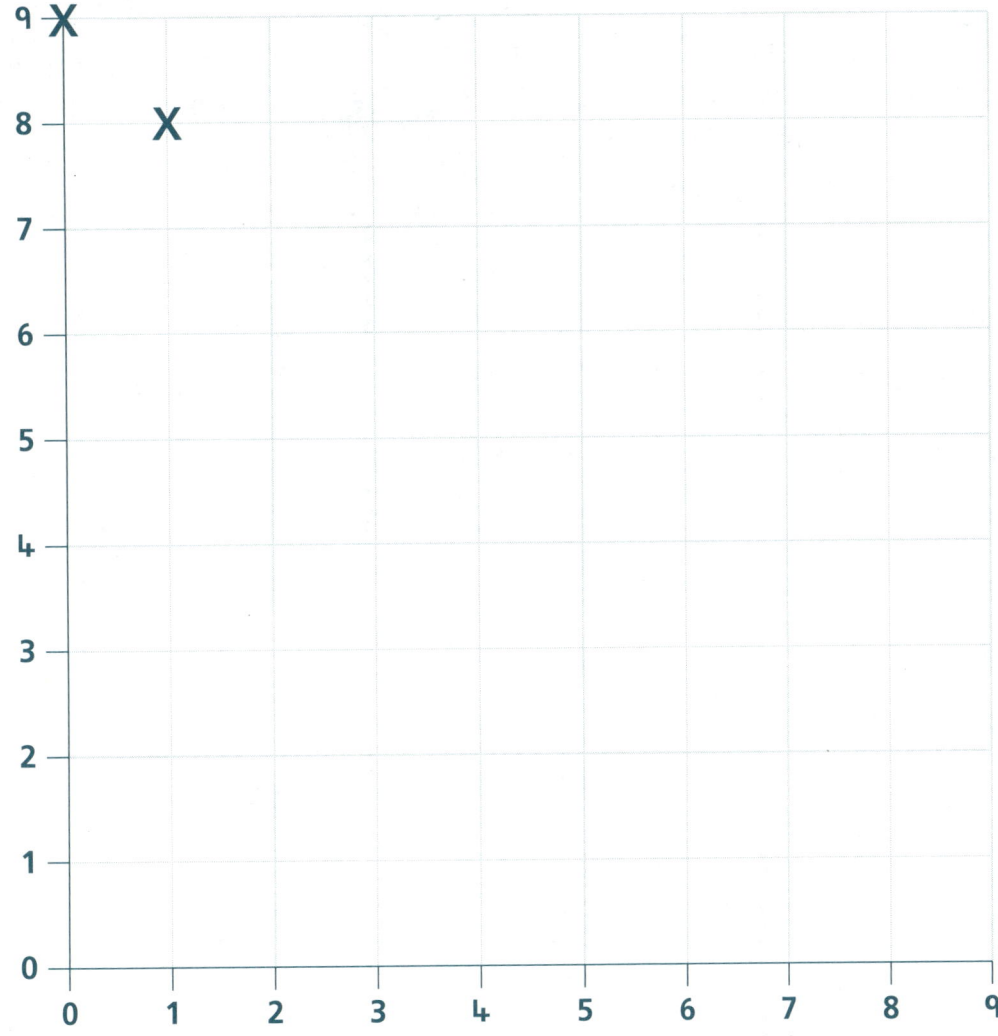

Now fill in these coordinates to show the multiples of **3** up to **(9, 9)**.

(0, 3) (0, 6) (0, 9) (1, 2) (,) (,) (,) (,)

(,) (,) (,) (,) (,) (,) (,) (,) (,)

(,) (,) (,) (,) (,) (,) (,) (,) (,)

(,) (,) (,) (,) (,) (,) (9, 9)

Mark these points on the graph. Use a different colour.
Join the points to see what pattern you get.

Which points are in both sets of coordinates?

Record Breakers

How quickly can you do these tests?
Use a stopwatch and write the answers on spare paper.
Take 1 second off your time for every question you get **right**.
Add 3 seconds onto your time for every question you get **wrong**.

You will score better by being ACCURATE rather than FAST.

BUILD SPEED UP GRADUALLY while still trying to get all the answers right!!

Where you see ? this is the answer you need to give.

Test 1	Test 2	Test 3
? x 9 = 81	5 x ? = 40	? x 5 = 15
? x 3 = 27	3 x ? = 18	? x 4 = 36
? x 9 = 36	6 x ? = 48	? x 2 = 12
? x 9 = 72	9 x ? = 72	? x 4 = 24
9 x 3 = ?	4 x ? = 32	? x 5 = 20
? x 6 = 54	8 x ? = 56	? x 6 = 36
? x 9 = 99	7 x ? = 56	? x 5 = 25
7 x ? = 63	2 x ? = 18	? x 7 = 49
8 x 9 = ?	11 x ? = 66	? x 7 = 42
12 x 9 = ?	9 x ? = 27	? x 9 = 72
? x 1 = 9	5 x ? = 45	? x 8 = 96
? x 9 = 0	4 x ? = 36	? x 9 = 27

Keep a record of your times for each test here.

Do one test a day.

Date	Time	Date	Time	Date	Time

x11 table

Write the answers to the **x11** table here.

1 x 11 = ☐   7 x 11 = ☐
2 x 11 = ☐   8 x 11 = ☐
3 x 11 = ☐   9 x 11 = ☐
4 x 11 = ☐   10 x 11 = ☐
5 x 11 = ☐   11 x 11 = ☐
6 x 11 = ☐   12 x 11 = ☐

Mark all the answers to the **x11** table on this number grid.
Use a yellow **O**.

1	2	3	4	5	6	7	8	9	10
11	12	13	14	15	16	17	18	19	20
21	22	23	24	25	26	27	28	29	30
31	32	33	34	35	36	37	38	39	40
41	42	43	44	45	46	47	48	49	50
51	52	53	54	55	56	57	58	59	60
61	62	63	64	65	66	67	68	69	70
71	72	73	74	75	76	77	78	79	80
81	82	83	84	85	86	87	88	89	90
91	92	93	94	95	96	97	98	99	100
101	102	103	104	105	106	107	108	109	110
111	112	113	114	115	116	117	118	119	120
121	122	123	124	125	126	127	128	129	130
131	132	133	134	135	136	137	138	139	140

These are the **multiples of 11**.

Fill in the missing numbers in the **x11** table in the correct order.

1 x 11 = ☐
☐ x 11 = 22
☐ x 11 = ☐
4 x ☐ = 44
☐ x 11 = ☐
6 x 11 = ☐
7 x ☐ = 77
☐ x 11 = ☐
9 x ☐ = 99
☐ x ☐ = 110
☐ x 11 = ☐
☐ x ☐ = 132

Quick Fire Record Breakers

How quickly can you do these tests? Use a stopwatch and write the answers on spare paper.
Take 1 second off your time for every question you get **right**.
Add 3 seconds onto your time for every question you get **wrong**.

BUILD SPEED UP GRADUALLY while still trying to get all the answers right!!

You will score better by being ACCURATE rather than FAST.

Test 1	Test 2
1 x 11 = ?	6 x 6 = ?
5 x 11 = ?	7 x 7 = ?
6 x 11 = ?	8 x 8 = ?
3 x 11 = ?	9 x 9 = ?
4 x 11 = ?	12 x 12 = ?
11 x 11 = ?	0 x 2 = ?

Keep a record of your times for each test here.

Do on[e] test [a] day.

Date	Time	Date	Time

Time Travel Machines

Make your own time travel machines.

Count on in **11s** to join the dots. Start at 0.

Count **back** in **11s** to join the dots. Start at 275.

x12 table

Write the answers to the **x12** table here.

1 x 12 = ☐   7 x 12 = ☐
2 x 12 = ☐   8 x 12 = ☐
3 x 12 = ☐   9 x 12 = ☐
4 x 12 = ☐   10 x 12 = ☐
5 x 12 = ☐   11 x 12 = ☐
6 x 12 = ☐   12 x 12 = ☐

Mark all the answers to the **x12** table on this number grid.
Use a blue **O**.

1	2	3	4	5	6	7	8	9	10
11	12	13	14	15	16	17	18	19	20
21	22	23	24	25	26	27	28	29	30
31	32	33	34	35	36	37	38	39	40
41	42	43	44	45	46	47	48	49	50
51	52	53	54	55	56	57	58	59	60
61	62	63	64	65	66	67	68	69	70
71	72	73	74	75	76	77	78	79	80
81	82	83	84	85	86	87	88	89	90
91	92	93	94	95	96	97	98	99	100
101	102	103	104	105	106	107	108	109	110
111	112	113	114	115	116	117	118	119	120
121	122	123	124	125	126	127	128	129	130
131	132	133	134	135	136	137	138	139	140
141	142	143	144	145	146	147	148	149	150

These are the **multiples of 12**.

Which multiples are also multiples of **6**? _____
Which multiples are also multiples of **3**? _____
Which multiples are also multiples of **2**? _____
Which multiples are also multiples of **4**? _____
Which multiples are also multiples of **8**? _____

Chinese Code

Use your times table facts to crack the coded message.

Here is the coded message.

8×11	3×3	8×4	4×8
W	E	L	L

2×4	9×5	10×4	1×9
D	O	N	E

!

12×11	5×9	9×8
Y	O	U

1×2	8×7	3×3
A	R	E

2×1
A

7×10	1×2	4×1	8×4	3×3	9×7
T	A	B	L	E	S

3×2	3×6	1×2	9×4	10×5
C	H	A	M	P

!

More Record Breakers

Using all the times table facts in this book, how quickly can you do these tests?
Again, use a stopwatch and write the answers on spare paper.
There are more questions in each test so you'll really have to try hard.
Take 2 second off your time for every question you get **right**.
But this time **add 5 seconds onto** your time for every question you get **wrong**.

You will score better by being ACCURATE rather than FAST.

BUILD SPEED UP GRADUALLY while still trying to get all the answers right!!

Where you see ? this is the answer you need to give.

Test 1	Test 2	Test 3	Test 4
4 x 8 = ?	1 x 12 = ?	6 x 12 = ?	? x 5 = 25
8 x 12 = ?	1 x 8 = ?	7 x 8 = ?	? x 9 = 81
6 x 8 = ?	7 x 12 = ?	10 x 4 = ?	? x 4 = 16
12 x 0 = ?	7 x 5 = ?	5 x 4 = ?	? x 10 = 100
3 x 12 = ?	3 x 8 = ?	8 x 12 = ?	? x 7 = 49
2 x 8 = ?	8 x 12 = ?	9 x 8 = ?	? x 8 = 64
9 x 4 = ?	9 x 8 = ?	8 x 8 = ?	? x 12 = 144
10 x 8 = ?	7 x 4 = ?	4 x 12 = ?	? x 3 = 9
10 x 12 = ?	10 x 7 = ?	7 x 4 = ?	? x 2 = 4
4 x 12 = ?	9 x 12 = ?	3 x 4 = ?	? x 1 = 1
5 x 8 = ?	11 x 8 = ?	3 x 9 = ?	? x 11 = 121
6 x 4 = ?	0 x 12 = ?	4 x 4 = ?	? x 6 = 60
Date Time	Date Time	Date Time	Date Time

Keep a record of your times for each test here.

Do one test a day.

Test 5

6 x ? = 36
5 x ? = 55
5 x ? = 45
5 x ? = 25
10 x ? = 90
12 x ? = 84
7 x ? = 49
9 x ? = 81
11 x ? = 121
10 x ? = 100
12 x ? = 108
1 x ? = 9

Date	Time

Test 6

? x 8 = 64
2 x ? = 4
? x 6 = 30
6 x ? = 42
? x 11 = 132
11 x ? = 66
? x 12 = 132
12 x ? = 144
? x 1 = 5
12 x ? = 120
? x 9 = 99
3 x ? = 9

Date	Time

Test 7

? x 2 = 18
? x 5 = 60
? x 10 = 60
? x 2 = 20
? x 5 = 20
? x 10 = 20
? x 2 = 24
? x 5 = 45
? x 10 = 30
? x 2 = 8
? x 5 = 15
? x 10 = 120

Date	Time

Test 8

2 x ? = 14
8 x ? = 40
9 x ? = 90
8 x ? = 16
8 x ? = 72
7 x ? = 63
6 x ? = 48
7 x ? = 77
6 x ? = 6
9 x ? = 0
5 x ? = 60
7 x ? = 7

Date	Time

Keep a record of your times for each test here.

Do one test a day.

Test 9

11 x ? = 33
? x 5 = 60
10 x ? = 110
? x 3 = 36
9 x ? = 108
? x 2 = 20
8 x ? = 88
? x 10 = 80
8 x ? = 72
? x 4 = 36
9 x ? = 99
? x 3 = 27

Date	Time

Test 10

? x 6 = 18
? x 7 = 35
? x 4 = 16
? x 2 = 18
? x 10 = 50
? x 1 = 2
? x 2 = 8
? x 4 = 8
? x 7 = 56
? x 6 = 54
? x 8 = 96
? x 7 = 63

Date	Time

Test 11

3 x ? = 12
4 x ? = 12
6 x ? = 12
2 x ? = 12
2 x ? = 18
4 x ? = 24
8 x ? = 24
6 x ? = 24
7 x ? = 42
4 x ? = 44
6 x ? = 48
7 x ? = 49

Date	Time

Test 12

? x 2 = 14
? x 8 = 16
? x 3 = 18
? x 10 = 20
? x 11 = 22
? x 12 = 24
? x 7 = 28
? x 5 = 30
? x 4 = 32
? x 11 = 33
? x 9 = 36
? x 6 = 48

Date	Time

Keep a record of your times for each test here.

Do one test a day.

The Times Tables

x0 Table
1 x 0 = 0
2 x 0 = 0
3 x 0 = 0
4 x 0 = 0
5 x 0 = 0
6 x 0 = 0
7 x 0 = 0
8 x 0 = 0
9 x 0 = 0
10 x 0 = 0
11 x 0 = 0
12 x 0 = 0

x1 Table
1 x 1 = 1
2 x 1 = 2
3 x 1 = 3
4 x 1 = 4
5 x 1 = 5
6 x 1 = 6
7 x 1 = 7
8 x 1 = 8
9 x 1 = 9
10 x 1 = 10
11 x 1 = 11
12 x 1 = 12

x2 Table
1 x 2 = 2
2 x 2 = 4
3 x 2 = 6
4 x 2 = 8
5 x 2 = 10
6 x 2 = 12
7 x 2 = 14
8 x 2 = 16
9 x 2 = 18
10 x 2 = 20
11 x 2 = 22
12 x 2 = 24

x3 Table
1 x 3 = 3
2 x 3 = 6
3 x 3 = 9
4 x 3 = 12
5 x 3 = 15
6 x 3 = 18
7 x 3 = 21
8 x 3 = 24
9 x 3 = 27
10 x 3 = 30
11 x 3 = 33
12 x 3 = 36

x4 Table
1 x 4 = 4
2 x 4 = 8
3 x 4 = 12
4 x 4 = 16
5 x 4 = 20
6 x 4 = 24
7 x 4 = 28
8 x 4 = 32
9 x 4 = 36
10 x 4 = 40
11 x 4 = 44
12 x 4 = 48

x5 Table
1 x 5 = 5
2 x 5 = 10
3 x 5 = 15
4 x 5 = 20
5 x 5 = 25
6 x 5 = 30
7 x 5 = 35
8 x 5 = 40
9 x 5 = 45
10 x 5 = 50
11 x 5 = 55
12 x 5 = 60

x6 Table
1 x 6 = 6
2 x 6 = 12
3 x 6 = 18
4 x 6 = 24
5 x 6 = 30
6 x 6 = 36
7 x 6 = 42
8 x 6 = 48
9 x 6 = 54
10 x 6 = 60
11 x 6 = 66
12 x 6 = 72

x7 Table
1 x 7 = 7
2 x 7 = 14
3 x 7 = 21
4 x 7 = 28
5 x 7 = 35
6 x 7 = 42
7 x 7 = 49
8 x 7 = 56
9 x 7 = 63
10 x 7 = 70
11 x 7 = 77
12 x 7 = 84

x8 Table
1 x 8 = 8
2 x 8 = 16
3 x 8 = 24
4 x 8 = 32
5 x 8 = 40
6 x 8 = 48
7 x 8 = 56
8 x 8 = 64
9 x 8 = 72
10 x 8 = 80
11 x 8 = 88
12 x 8 = 96

x9 Table
1 x 9 = 9
2 x 9 = 18
3 x 9 = 27
4 x 9 = 36
5 x 9 = 45
6 x 9 = 54
7 x 9 = 63
8 x 9 = 72
9 x 9 = 81
10 x 9 = 90
11 x 9 = 99
12 x 9 = 108

x10 Table	x11 Table	x12 Table
1 x 10 = 10	1 x 11 = 11	1 x 12 = 12
2 x 10 = 20	2 x 11 = 22	2 x 12 = 24
3 x 10 = 30	3 x 11 = 33	3 x 12 = 36
4 x 10 = 40	4 x 11 = 44	4 x 12 = 48
5 x 10 = 50	5 x 11 = 55	5 x 12 = 60
6 x 10 = 60	6 x 11 = 66	6 x 12 = 72
7 x 10 = 70	7 x 11 = 77	7 x 12 = 84
8 x 10 = 80	8 x 11 = 88	8 x 12 = 96
9 x 10 = 90	9 x 11 = 99	9 x 12 = 108
10 x 10 = 100	10 x 11 = 110	10 x 12 = 120
11 x 10 = 110	11 x 11 = 121	11 x 12 = 132
12 x 10 = 120	12 x 11 = 132	12 x 12 = 144

You may wish to cut out or photocopy this certificate and put it up on your bedroom wall.

Certificate

This is to certify that

_____

is a

Times Tables Time Traveller

Signed _____   Date _____

Times Tables

Titles available: Books 1 and 2

gives practice in learning the 0 to 12 times tables

Other series from Schofield & Sims Ltd:

	Maths & Science		Language & Literacy	
Early Learning	Workbooks:	Nursery Activity Books	Workbooks:	Early Writing Books, Nursery Activity Books, Nursery Writing Books
Key Stage 1	Workbooks:	Key Maths, Number Books	Workbooks:	Basic Skills, First Phonics, Sound Practice
			Readers:	Play Words, Read with the Riddlers, Read and Colour
			Dictionaries:	My Picture Dictionary, My First Picture Dictionary
			Word books:	Picture Words, Early Words, Topic Words
			Copymasters:	Reading Comprehension KS 1
Bridging Key Stages 1 & 2	Workbooks:	Times Tables, Starting Science	Workbooks:	Early Spellings
	Programmes:	Maths Quest	Programmes:	Journeys in Reading, Oracy, Study Reading
	Games:	Master Pieces	Dictionaries:	Illustrated Dictionary, Bilingual Dictionaries
			Word books:	First Words, Early Words
			Copymasters:	Reading Comprehension Bridging Pack
			Games:	Master Pieces
Key Stage 2	Workbooks:	Mental Arithmetic, Times Tables, Homework, Progress Papers – Maths	Workbooks:	Springboard, Spellaway, Key Spellings, Homework, Spelling Practice, Progress Papers – English, Progress Papers – Reasoning
	Practice:	Number Practice, Alpha/Beta, More Practice	Programmes:	English Skills
	Assessment:	Assessment Papers in Maths, Assessment Papers in Science, Practice SATs – Maths	Dictionaries:	Keyword Dictionary, Easy Dictionary, Concise Junior Dictionary, Basic Dictionary, Compact Dictionary, Simplified Dictionary, Spelling Dictionary
			Word books:	Better Words, In Other Words, Choose Your Words, Use Your Words, Classified Spelling
			Assessments:	Assessment Papers in English, Practice SATs – Explorers, Practice SATs – Bicycles
			Copymasters:	Reading Comprehension KS 2, English Practice, Big on Books – guided activities for KS2 Literacy Hour

Schofield & Sims Ltd, Huddersfield, England
Tel: 01484 607080 Fax: 01484 606815

ISBN 0-7217-2496-5